AF320795

LA
VIERGE MARIE,
MÈRE DES CHRÉTIENS,

DONT GERSON INVOQUE LE CULTE, COMME CELUI DES SAINTS,
POUR NOUS EN FAIRE DES AMIS ET DES CONSOLATEURS.

STANCES RELIGIEUSES,

Par J.-L.-B. Comte DE FAVRE,

Chevalier et Commandeur de plusieurs Ordres étrangers.

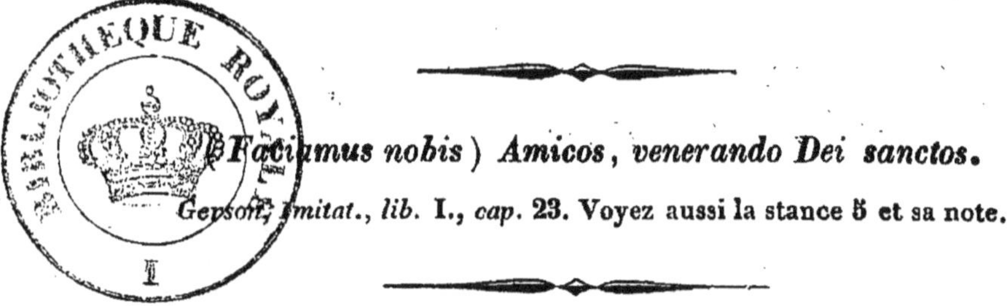

(*Faciamus nobis*) *Amicos, venerando Dei sanctos.*

Gerson, Imitat., lib. I., *cap.* 23. Voyez aussi la stance 5 et sa note.

Paris,

Chez l'Auteur, rue d'Angoulême-du-Temple, 18.

1843.

Hommage

A

SA SAINTETÉ **GRÉGOIRE XVI,**

**PAPE PAR LA DIVINE PROVIDENCE,
HEUREUSEMENT RÉGNANT.**

Reine des Cieux, Mère des Grâces,
conservez-lui votre puissante protection
auprès de votre divin Fils.

Et n'oubliez pas l'Auteur, qui s'abandonne
entièrement à vous.

Paris, le 24 Décembre 1842.

IMP. DE POLLET ET Comp., rue St-Denis, 380.

LA VIERGE MARIE,

MÈRE DES CHRÉTIENS.

STANCES RELIGIEUSES.

L'Ode sur Dieu, l'Être infini,
Fut pour moi l'échelon béni
Qui m'ouvrit vers Gerson la voie.
C'est par les stances sur Noël,
Et sur la Vierge, que le Ciel
Au soir de mes ans se déploie.

L'Auteur de l'Imitation
A, par l'Annonciation,
Célébré dignement Marie.
Combien il pare la beauté
En relevant l'humilité
De celle qu'il vénère et prie ! (1)

(1) *Imitat.*, *lib*. **IV**, *cap.* **17**, **2**.

Quel or pur est plus précieux

Que l'humble perle chère aux cieux ,

La Sagesse, la Vierge divine,

Grande sans se magnifier, (1)

Et dont un consolant foyer

Est l'imitation latine !

Saint Jean, dans le maternel flanc,

Devant la Vierge tressaillant,

Annonçait son Fils à la terre.

Quel éloge en lui dans Gerson, (2)

Comme en sa sublime leçon

Du Magnificat de la Mère ! (3)

L'ancien ennemi des humains

Combat le culte exprès des Saints, (4)

Dont les secours sont nécessaires

Comme un consolant supplément,

Dit Gerson dans son Testament,

Contre les puissances contraires. (5)

(1) *Imit.*, lib. **III**, cap 36. *Non se magnificans (sed magnificans Dominum) sapientia celestis pretiosa Margarita.*

(2) *Imit.*, lib. **IV**, cap. 17-3, *de Sancto Joanne-Baptista.*

(3) Commentaire de *Magnificat* de Gerson.

(4) *Imit.*, lib. **III**, cap 6. *Adtiquus inimicus nos evacuare nititur à cultu fructorum, etc.*

(5) *Ex testamento Peregrini : Pater....... Da sanctorum contra potestates contrarias consolationem.*

De Dieü, l'Être spirituel

S'est manifesté sous le Ciel

En s'humanisant dans sa Mère,

Unie à son nom glorieux ;

Des Saints qu'il s'associe aux Cieux ,

Combien le culte est salutaire ! (1)

Quel maître, il est vrai, fut plus grand,

Par la vérité triomphant (2)

Des erreurs qu'en vain l'utopie

D'un obscur club d'illuminés

Opposait, en Bavière nés,

A la sage philantropie?

Emery, bien qu'aimant Gerson,

Rallie entr'eux par la raison

Les docteurs en philosophie.

Mais, en Thérèse et son esprit ,

Il montrait la fille du Christ

Et de la céleste Sophie. (3)

(1) Voir la note de la stance précédente.

(2) Le livre du spirituel Saint-Martin a dû être cité sous le nom des *Erreurs et de la vérité*, ayant eu pour objet de combattre le Système de la nature.

(3) Le docte abbé Emery est l'auteur d'abord de *l'Esprit de sainte Thérèse* , et ensuite de *l'Esprit de Leibnitz*, de Bacon et de Descartes.

Grâce à l'esprit consolateur,

La Vierge sans tache est l'auteur

Du Fils de Dieu dont l'homme est frère.

Léguée au disciple de cœur

Par le Christ de la mort vainqueur,

Marie est des Chrétiens la Mère. (1)

Les Billettes offrant la croix ,

Rappellent celui dont la voix

Donne en Jean des fils à Marie.

Son temple peut-il effacer ,

Et voisin , ne pas remplacer

Sainte-Croix-la-Bretonnerie ? (2)

Henri n'eût point vu, protestant,

Pour François ce don éclatant

D'une œuvre où la foi se découvre ,

Quand la Vierge et l'Enfant divin ,

Couronnés par un Séraphin, (3)

Ont pour sanctuaire le Louvre.

(1) *Filii ecce Mater tua. Evang* XIX, 27.

(2) L'église des Billettes, convertie en temple du culte évangélique de la confession d'Augsbourg , a conservé la croix, et son temple se trouve situé en face d'un passage qui conduisait à l'ancienne église Sainte-Croix.

(3) L'admirable Sainte Famille adressée à François 1er par Raphael.

Montaigne et Descartes ont rendu

A la Mère un culte bien dû.

La Foi, chez un sage nourrie,

Surtout chez le sceptique humain,

Frappa l'esprit de Villemain

Et le cœur de Labouderie. (1)

Qu'à l'instar de Marot produit,

Ait enfin été retraduit

Par Boissard et Goëpp maint cantique;

Puissent, revus, les chants divers

De Marillac, Corneille, en vers, (2)

Charmer l'Église évangélique.

De la Vierge l'Assomption,

Relevant notre nation, (3)

Fut une fête magnifique (4)

En honneur dès l'apostolat;

Elle unissait le concordat

A la créance catholique.

(1) Voyez leurs Eloges de Montaigne.
(2) Marillac a traduit les Psaumes en vers et Corneille les can-
tiques.
(3) Nation française.
(4) Rétablie sous Napoléon.

Glorieux jour ! Un monument
Du triomphe sur le Flamand,
Conservait d'un beau vœu la trace.
A Notre-Dame, vers l'autel,
Le pieux Philippe-le-Bel
Chevauchait porté par la Grâce. (1)

Louis, vouant sous Richelieu
La France à la Mère de Dieu,
Semblait adorer une reine; (2)
Le saint, à d'Antin, au Marais,
Fait honneur aux curés français,
Et la Vierge, au pasteur Garenne.

Ah ! si le *Stabat* solennel
Était le *Stabat* de Noël,
Que Jacoponé, son poëte,
A peint sous de gracieux traits
Pour une mère des Français, (3)
Quelle plus belle et noble fête !

(1) *Gerson, Imit., lib.II. cap. 9. Satis suaviter equitat quem gratia Dei portat.*
Ce qui paraît faire allusion à la statue équestre de Philippe-le-Bel, rendant hommage à la Vierge après la victoire de Mons-en-Puelle.

(2) Louis XIII était représenté à Notre-Dame de Paris agenouillé devant la Vierge au grand autel.

(3) La reine Marie-Amélie.

Ouït-on sans émotion
La muse du *Lauda Sion !* (1)
Quelle autre, en la crèche française,
Eût mis en chant le nouveau-né
Du *Stabat* de Jacoponé,
Hors Lesueur, vrai Pergolèse !

Mais quand, des chants de mon pasteur
L'organiste élève l'ardeur,
Ne peut-il, sur l'humble litière,
Chanter et la Vierge et son Fils,
Comme par un touchant souris
Rubens a peint la Reine-Mère ? (2)

Sous un dôme pompeux et grand
La Vierge aux cieux va s'élevant ;
Mais Lorette, Bonne-Nouvelle, (3)
L'Église où le Ciel est mon but, (4)
Gênes, bienheureux port du salut, (5)
Chantent le Fils et l'Immortelle.

(1) Madame la marquise de Fortia, Julie de Sainte-Colombe ;
auteur aussi d'un chant du *Magnificat* célèbre dans le Midi.

(2) On connaît l'expression si touchante de la Reine mère de
Louis XIII, peinte avec un sentiment mêlé de joie et de douces
larmes à la vue de son enfant nouveau-né.

(3) L'église de Lorette ou d'Antin (*Domus aurea*), qui semble
par son décor une chapelle, comparée à la nouvelle église de la
Madeleine.

(4) Notre-Dame-de-Bonne-Nouvelle et celle des Blancs-Manteaux.

(5) Voyez la stance 23 ci-après

Des Blancs-Manteaux l'église sert
Un Dieu tracé sous le couvert. (1)
Saint-Roch peint la Reine des Anges,
Dont le poète offre le Roi
Qui dans Jésus grandit la foi
Chez Gerson plein de ses louanges. (2)

La Notre-Dame de Paris,
Quoiqu'Amiens dût à Saint Louis
Sa haute nef élevant l'ame,
Possédait maint tableau voté,
Qui remplissait sa *vastité*,
Chaque an un mai paraît la Dame.

Son mois de mai seul est resté.
C'est la *Religiosité*
Qui peut, sans une pompe vaine,
Orner la Vierge aux Blancs-Manteaux,
Plus que l'attrait des airs nouveaux
Qu'un mai prépare à Madeleine. (3)

(1) La table de la communion figurant l'hostie une et multiple dans l'église des Blancs-Manteaux, sous son pasteur Garenne.

(2) Voyez *Imitat.*, *lib.* III, *cap.* 21, où sont cités divers passages de l'hymne *Ave, Rex Angelorum*, de Jacoponé.

(3) La nouvelle église de ce nom.

Comment peindre ces Vierges sœurs ,

Ces couseuses aux pieux cœurs ! (1)

Airs d'opéra , profane danse ,

Qu'est-ce en mai , près du divin chant

Q'offre aux stations du couchant

Le jardin de la Providence ? (2)

Quel temple dans un port fameux ,

Va d'un dôme majestueux

Couronner une Reine chérie ?

D'un *Cœur d'or* le royal tribut

Vaut-il ce qu'en louanges dût

Un cœur à la plus sainte Mère ? (3)

Quand l'auguste Hélène et Clovis , (4) (5)

La Reine-Blanche et Saint Louis (6)

(1) Allusion au tableau des Couseuses peint par **Le Guide**.

(2) Le jardin des Dames de la Providence, rue Plumet, dans lequel ont lieu en mai les processions des jeunes élèves portant la statue de la Vierge.

(3) Combien l'abbé Agathon Affraingue, le premier auteur du nouveau temple, a mérité de ses concitoyens et de la France, par la fondation de cette église, dont la première pierre a été posée le 1er mai 1827 !

(4) Fondation de l'Annonciade à Naples, vers l'an 320.

(5) Notre-Dame de Laon, fondée sous Clovis en 500.

(6) Notre-Dame du Lys, par la Reine-Blanche, et celle de Paris achevée sous saint Louis.

Ont honoré la Souveraine,

Lorsqu'après Grégoire-le-Grand

Comme, après Bernard, Gerson rend

Hommage à la céleste Reine.

Si Bonaventure et d'Aquin

Chantent l'étoile du matin

De leur vif esprit si chérie,

Gerson, dans le plus sage éclat,

Commentant le *Magnificat*,

Fait à tous vénérer Marie. (1)

Gênes, que sur la mer ton port,

Sort pour ta Vierge un ciel, un fort!

Étoile, ah! luis-nous sur la terre;

Et fais qu'un regard provident

Nous rende, par un soin constant,

La fin heureuse et salutaire !

(1) La qualification de *Stella Maris* convient particulièrement
à la Vierge de *Gênes, Liesse, Gord, Consolata de Turin,* si célèbre
par les faveurs nombreuses et signalées dont elle comble les fidèles de toutes les nations qui s'empressent continuellement de la
visiter. A Sainte-Élisabeth, ma paroisse, se trouve aussi derrière
le grand autel une chapelle en grande vénération auprès des fidèles, et dédiée à la *Vierge des Consolations.* Elle porte l'enfant
Jésus à sa droite et saint Jean, mon patron, à sa gauche. Je n'omet-
trai pas ici la Vierge d'Armone, vénérée dans tout le Chablais

ORAISON

A LA TRÈS SAINTE VIERGE

EN VÉNÉRATION DANS L'ÉGLISE DE ST-AUGUSTIN, A ROME.

Très Sainte Vierge, mère du Verbe incarné, trésorière de toutes les grâces et notre refuge à tous misérables pécheurs, nous recourons avec entière confiance à votre amour maternel, et vous demandons la grâce de faire toujours la volonté de Dieu et la vôtre. Nous remettons nos cœurs entre vos mains. Nous vous demandons le salut de nos ames et la santé du corps, et nous espérons fermement que, notre Mère très tendre, vous nous exaucerez en intercédant pour nous. Ainsi c'est avec confiance que nous récitons *Trois Ave Maria.*

Sa Sainteté le Pape Pie VII a accordé 280 jours d'indulgence à tous les fidèles qui réciterout dévotement la susdite oraison.

depuis un temps immémorial, et dont la chapelle est construite sur la cîme de la montagne dont elle porte le nom. Je me souviendrai aussi toute ma vie de l'affluence immense de Romains et étrangers de toutes les parties du monde qui vont religieusement se prosterner devant la Vierge, dont la chapelle se trouve à l'entrée de l'église de St-Augustin à Rome. L'auteur l'a visitée en octobre et décembre 1838, et a eu le bonheur de se mettre sous sa puissante protection, qui ne l'a jamais abandonné dans aucune circonstance. Ceux qui récitent souvent avec confiance ces trois paroles: *Jésus, Marie, Joseph, secourez-moi maintenant et à l'heure de ma mort,* participeront toujours à ses bienfaits.

TRADUCTION EN VERS FRANÇAIS

DU

MAGNIFICAT ANIMA MEA DOMINUM,

Faite dans l'esprit de la paraphrase de MARILLAC
et des commentaires de GERSON,

Avec le chant et sa notation par MM. DAUBIGNY et LEGROS.

————

Que mon ame, Dieu d'Israel,
Te magnifie et te bénisse !
Que mon esprit se réjouisse
En toi, mon salut éternel !

Sur ta servante humble et pieuse,
Un doux regard s'est arrêté ;
Combien doit me nommer heureuse
Par ton choix la postérité !

Car quelle merveille admirable
A faite en moi le Tout-Puissant !
Que son nom est saint, ineffable,
Que son pouvoir est bienfaisant !

La bonté divine fait grâce
A ceux qui craignent le Seigneur ;
Elle s'étend de race en race,
Et du mal, rend le bien vainqueur.

Son bras déployant sa puissance
Rompt les plus injustes desseins ;
Et, relevant l'humble innocence,
Abaisse les fronts les plus vains.

Il remplit de biens l'indigence,
Et laisse dans l'inanité
Ceux qui d'une vaine abondance
Avaient fait leur félicité.

Dieu d'Israel, par ta promesse,
Que d'un cher Fils, dans l'avenir,
Ta miséricorde, sans cesse,
Fasse éclater le souvenir.